Zur Frage der Berechnung der Gewinnanteile (Tantiemen) des Vorſtandes und des Aufſichtsrats einer Aktiengeſellſchaft

von

ROBERT ESSER
Geheimer Juſtizrat, Cöln

BONN 1915
A. MARCUS UND E. WEBERS VERLAG
(Dr. jur. Albert Ahn)

Kölner Verlags-Anstalt und Druckerei A.-G.

ESSER

Zur Frage der Berechnung der Gewinnanteile

I. Tantiemepflicht des Gewinnvortrags

Die §§ 237 und 245 HGB., die die Bestimmungen über die Berechnung der Gewinnanteile (Tantieme) des Vorstandes und des Aufsichtsrats enthalten, sind in letzter Zeit in sehr verschiedener Weise ausgelegt worden. — Diese Paragraphen lauten:

§ 237. Wird den Mitgliedern des Vorstandes ein Anteil am Jahresgewinne gewährt, so ist der Anteil von dem nach Vornahme sämtlicher Abschreibungen und Rücklagen verbleibenden Reingewinne zu berechnen.

§ 245 Abs. 1. Erhalten die Mitglieder des Aufsichtsrats für ihre Tätigkeit eine Vergütung, die in einem Anteile am Jahresgewinne besteht, so ist der Anteil von dem Reingewinne zu berechnen, welcher nach Vornahme sämtlicher Abschreibungen und Rücklagen, sowie nach Abzug eines für die Aktionäre bestimmten Betrages von mindestens vier vom Hundert des eingezahlten Grundkapitals verbleibt. — Damit ist also angeordnet, daß die Berechnung der Tantieme des Vorstandes und des Aufsichtsrats von dem Reingewinne zu erfolgen hat, welcher verbleibt, nachdem sämtliche Abschreibungen und Rücklagen vorgenommen worden sind und daß bei der Berechnung der Tantieme des Aufsichtsrats außerdem noch ein für die Aktionäre bestimmter Betrag von mindestens 4 % des eingezahlten Grundkapitals in Abzug gebracht werden muß. Der Ausdruck „Rücklage" statt „Reservefonds" findet sich nur in den §§ 237, 245 und 271 des Handelsgesetzbuches, welche Bestimmungen enthalten, die nach den Anträgen der Reichstagskommission in den Gesetzentwurf durch den Reichstag eingefügt worden sind; die Kommission hat den Ausdruck „Reservefonds" verdeutschen wollen und in der Begründung ihres Antrags die Rücklagen als in die Bilanz aufzunehmende „Rücklagefonds" bezeichnet. Jetzt enthält das Handelsgesetzbuch für ein und denselben Begriff verschiedene Ausdrücke. – Vgl. Staub § 237 Anm. 5. — In der Natur der Sache liegt es, daß der Gewinn sich nicht immer auf Heller und Pfennig als Dividende aufteilen läßt, oder daß man ihn auch nicht aufteilen will, um der Gewinn- und Verlustrechnung des nächsten Jahres einen Gewinn zuzuführen, um die finanzielle Lage der Gesellschaft zu verbessern, um eine möglichst gleiche Dividende verteilen zu können oder aus irgend welchen andern Gründen. Der also unverteilt gebliebene Gewinnrest wird alsdann von der Gewinn- und Verlustrechnung des folgenden Geschäftsjahres als erster Gewinnposten aufgenommen. Von jeher ist bei der Aktiengesellschaft ein solcher Gewinnvortrag auf die neue Rechnung üblich; er stellt einen Betrag dar, der nicht als ein fundus, als ein auf die Dauer berechneter Kapitalfonds der Gesellschaft zurückgelegt wird, sondern der nur das Betriebskapital vorübergehend erhöht. Dieser Vortrag fällt nicht unter den Begriff einer Rücklage, worauf auch sein Name schon hinweist, er ist und bleibt ein Teil des im abgelaufenen Jahre erzielten Gewinnes, wird als solcher direkt der Gewinn- und Verlustrechnung des neuen Jahres zugeführt, und nicht wie ein Reservefonds gemäß § 261 Ziffer 5 HGB. in die Passivseite der Bilanz eingestellt. Er erhöht den Gewinn oder vermindert den Verlust des neuen Jahres, behält den Charakter eines Gewinnes und ist deshalb sachgemäß den Mitgliedern des Vorstandes und des Aufsichtsrats des alten Jahres, die zu seiner Erzielung mitgewirkt haben, und nicht den im neuen Jahre amtierenden Mitgliedern dieser Organe tantiemepflichtig.

Auch die Art und Weise der Bildung des Gewinnvortrags beweist, daß der Gesetzgeber ihn nicht in die Rücklagen hat einbegreifen können, die zufolge der §§ 237, 245 HGB. zunächst vorgenommen werden müssen, um den zur Verteilung durch die Generalversammlung verbleibenden Reingewinn zu ermitteln; der Gewinnvortrag tritt erst in die Erscheinung, wenn alle Rücklagen, Tantiemen und Dividenden festgestellt sind; er bildet als unverteilter Restgewinn das Schlußergebnis der ganzen Berechnung.

Staub, in den Anmerkungen 11a und 15 zu § 237, meint, der Gewinnvortrag sei in dem Jahre, wo er erzielt worden, als Rücklage tantiemefrei zu behandeln, dagegen in dem folgenden Jahre als Gewinnvortrag tantiemepflichtig, da er als Gewinn den Bilanzgewinn des neuen Jahres vergrößere und die Tantieme von dem vollen Gewinne zu gewähren sei. Diese beiden Anmerkungen enthalten einen innern Widerspruch: in dem einen Jahre soll der Gewinnvortrag eine Rücklage bilden und als solche tantiemefrei sein und in dem folgenden Jahre soll er diese Eigenschaft verloren haben und als Gewinn tantiemepflichtig sein. Dabei bezieht sich Staub auf ein Urteil des Reichsgerichts vom 20. März 1905. Indessen handelt es sich in dem diesem Urteile zugrunde liegenden Streitfalle nicht um eine Aktiengesellschaft, sondern um eine Gesellschaft mit beschränkter Haftung, auch nicht um die Frage, ob der Gewinnvortrag nach den Vorschriften des Handelsgesetzbuchs tantiemepflichtig oder tantiemefrei in dem Jahre, wo er erzielt worden, zu behandeln sei, sondern lediglich um die Entscheidung darüber, ob der Gewinnvortrag sich als eine Zuwendung zum allgemeinen Reservefonds darstelle. Diese Frage hat das

Reichsgericht verneint, dabei aber doch die Reservefondsnatur des Gewinnvortrags unter Bezugnahme auf ein Urteil des Oberverwaltungsgerichts anerkennen zu müssen geglaubt, mit der Begründung, Reservefonds sei jeder Betrag des festgestellten Reingewinnes, welcher nicht verteilt oder anderweit verwendet, sondern für die Zwecke der Gesellschaft zurückbehalten werde. Das Oberverwaltungsgericht hatte vom steuerrechtlichen Gesichtspunkte aus sich dahin ausgesprochen, daß der Gewinnvortrag einen Reservefonds bilde, soweit er nicht bloß einen Gewinnrest enthalte.

Hierzu erklärt ein Urteil des Oberlandesgerichts Kiel vom 28. Oktober 1913, jene Entscheidung des Reichsgerichts sei für die Frage, ob der Gewinnvortrag auch im Sinne der §§ 237, 245 HGB. eine Rücklage darstelle, bedeutungslos. Nach dem Berichte der Reichstagskommission, S. 73, verstehe das Gesetz unter „Rücklagen" nur eigentliche Reservefonds. Der Gewinnvortrag werde aber als erster Einnahmeposten der Gewinn- und Verlustrechnung des neuen Geschäftsjahres verbucht, während nach § 261 HGB. jeder Reservefonds als Passivposten in die Bilanz einzusetzen sei. Eine solche Einstellung des Gewinnvortrags als Reservefonds in die Bilanz würde aber jeder kaufmännischen Anschauung widersprechen. Tatsächlich sei der Gewinnvortrag auch etwas anderes als ein Reservefonds. Der Gewinnvortrag werde nicht für künftige Jahre zurückgelegt, sondern unmittelbar als Betriebskapital verwendet.

Diesen Ausführungen des Oberlandesgerichts Kiel kann nur beigepflichtet werden. Die Annahme des Oberverwaltungsgerichts, die Reservefondsnatur des Gewinnvortrags sei vorhanden, wenn er einen größeren Betrag darstelle, ist unhaltbar. Bildet der Gewinnvortrag einen Reservefonds, so besitzt jeder noch so kleine Teil diese Natur. Es läßt sich nicht bestimmen, mit welcher Summe die Reservefondsnatur beginnt. In späteren Entscheidungen hat denn auch das Oberverwaltungsgericht seinen Standpunkt aufgegeben und jeden Gewinnvortrag ohne Rücksicht auf seine Höhe, als steuerpflichtigen Überschuß im Sinne des Preußischen Staats-Einkommensteuergesetzes angesehen, davon ausgehend, daß der Ausdruck „Reservefonds" in diesem Gesetze eine weitere Bedeutung habe, als im Handelsgesetzbuche. Auch die Ausführungsanweisung zum preußischen Staats-Einkommensteuergesetze vom 25. Juli 1906, Art. 28, Ziffer 3 bestimmt, daß als steuerpflichtiger Reservefonds jede aus dem Überschusse gebildete Ansammlung gelten solle, die im Einzelfalle eine Vermehrung des Vermögens der Gesellschaft darstelle. Damit ist der Gewinnvortrag in steuerrechtlicher Hinsicht dem Reservefonds gleichgestellt. Unzweideutig geht aber aus dieser Bestimmung hervor, daß vom steuerrechtlichen Gesichtspunkte aus der Gewinnvortrag nicht als ein

Reservefonds im Sinne des Handelsgesetzbuchs anzusehen ist. Vgl. Fuisting Einkommensteuergesetz, 7. Aufl. S. 216.

Übrigens unterscheidet auch das Wehrbeitraggesetz vom 3. Juli 1913 im § 11 Ziffer 3 ausdrücklich zwischen Reservefonds und Gewinnvortrag, indem es neben dem erstern auch den letztern als beitragspflichtig erklärt. Der Gewinnvortrag wird nicht als Reservefonds zur Steuer herangezogen, sondern weil er als eingehaltener Teil des Reingewinnes eine Vermögensvermehrung für die Gesellschaft bildet. — Unter Bezugnahme auf eine Entscheidung des Oberlandesgerichts Dresden hält Staub § 237, Anm. 15, sogar Rücklagen aus dem Reingewinn zum Zwecke späterer Amortisation von Aktien um deswillen tantiemepflichtig, weil solche Reserven einen Teil des Reingewinnes nur vorübergehend von der Verteilung ausschließen, ein Grund, der jedenfalls in noch viel höherem Maße bei dem Gewinnvortrage zutrifft, da über die Verteilung dieses ersten Gewinnpostens der neuen Rechnung schon die nächste ordentliche Generalversammlung zugleich mit der Verteilung des übrigen Jahresgewinnes zu beschließen hat.

Die Richtigkeit der diesseitigen Auffassung wird aber auch noch bestätigt durch eine Entscheidung des Reichsgerichts vom 5. Juli 1911, in dessen Eingang es allerdings heißt, daß der Gewinnvortrag als eine Reserve bezeichnet werden könne, eine Bemerkung, der kaum widersprochen werden kann, er bildet aber im Sinne des Gesetzes keine Rücklage, keinen Reserve f o n d s, was das Reichsgericht in den nachfolgenden Sätzen zum Ausdrucke gebracht hat: „die Ab„sicht, den Gewinnvortrag durch liquide Mittel „zu beschaffen und die Inanspruchnahme von „Bankkredit zu vermeiden, hätte auch durch Bil„dung einer Spezialreserve, eines dauernden Be„triebsfonds erreicht werden können; dies sei aber „nicht geschehen, denn der Vortrag auf neue „Rechnung widme die betreffenden Gelder keinem „bestimmten Zwecke, insbesondere keinem auf die „Dauer berechnetem Betriebsf o n d s, sondern lasse „der Gesellschaft die Freiheit, sie im folgenden „Jahre als Gewinn zu verteilen." Vergl. Leipziger Zeitschrift für Handels-Konkurs und Versicherungsrecht. 5. Jahrgang 1911. S. 771, Nr. 4.

Die Annahme ist also gerechtfertigt, daß bei dem Vorhandensein der in den §§ 237 und 245 HGB. enthaltenen Voraussetzungen, der Gewinnvortrag keine Rücklage bildet, mithin die Berechnung der Tantiemen des Vorstandes und des Aufsichtsrats von dem Gewinne, der auf die neue Rechnung übertragen wird, in dem Jahre zu erfolgen hat, in dem dieser Gewinn erzielt worden ist, während er, da von demselben Betrage nicht zweimal Tantieme berechnet werden kann, in dem neuen Jahre, in dem er nicht verdient, sondern nur übernommen ist, tantiemenfrei bleibt.

II. Die Tantiemen des Vorstandes und des Aufsichtsrats als Bestandteile des gewinnanteilpflichtigen Reingewinnes

Die Vorschriften der §§ 237 und 245 HGB. sind durch den Reichstag in den von der Reichsregierung vorgelegten Entwurf des Gesetzes neu eingefügt worden. Die Veranlassung dazu war der Umstand, daß das bis zum 1. Januar 1900 in Kraft gewesene Aktiengesetz vom 18. Juli 1884 keine Bestimmungen über die Berechnung der Vorstands- und Aufsichtsrats-Tantiemen enthielt und infolgedessen, meistens die Tantiemen von dem ganzen Reingewinn vor Dotierung der Reservefonds, zuweilen sogar von dem Bruttojahresgewinne, also auch von den Abschreibungen, berechnet wurden. Dem sollte durch die neuen Vorschriften vorgebeugt werden. Sie treten ein, wenn den Mitgliedern des Vorstandes und des Aufsichtsrats Tantiemen in der Form eines Anteils an dem Jahresgewinne gewährt werden, und sind zwingender Natur in der Weise, daß sie höchstens zum Nachteile der Tantiemenberechtigten verschärft werden können. So ordnen viele Statuten an, daß wie der Aufsichtsrat auch der Vorstand erst nach Verteilung einer 4prozentigen Dividende an die Aktionäre tantiemenberechtigt ist. Eine solche Bestimmung empfiehlt sich schon aus Billigkeitsrücksichten, da die Aktionäre wohl erwarten dürfen, daß das von ihnen eingelegte

Kapital sich zunächst mit 4 % verzinst, bevor Tantiemen, besonders an den Vorstand gezahlt werden, der doch fast stets mit festem Gehalte angestellt ist. Durch diese Bestimmung wird aber auch die Berechnung der Tantiemen eine glattere, indem nun Vorstand und Aufsichtsrat bei dem Bezuge der Tantiemen denselben Rang einnehmen.

Werden die Vorstands- und Aufsichtsrats-Mitglieder aber an dem Jahresgewinne nicht anteilmäßig beteiligt, so kommen die §§ 237 und 245 überhaupt nicht zur Anwendung. Mit dem Ausdruck „Tantieme", der dem Handelsgesetzbuche fremd ist, wird eine Vergütung bezeichnet, die sich nach dem Geschäftsergebnisse bemißt. Die §§ 237 und 245 gewähren dagegen einen wirklichen Gewinn*anteil* an dem näher angegebenen Reingewinn, macht diesen also gewinnanteilpflichtig. Dadurch wird aber die Bewilligung einer anders bemessenen Vergütung des Vorstandes und Aufsichtsrats nicht ausgeschlossen, wie z. B. eine prozentuale Vergütung vom Umsatze, von dem fakturierten Betrage, von dem Werte der hergestellten Fabrikate und dergl. mehr. Zulässig würde auch die Gewährung einer Vergütung als Tantieme sein, deren Höhe nach dem als Dividende zur Verteilung gebrachten Betrage, bemessen wird. Eine *solche* Tantieme bildet nicht unbedingt einen Gewinnanteil an dem Reingewinne und wird auch nicht notwendig dem Reingewinne entnommen, sondern sie kann als zu den Geschäftsunkosten des Jahres gehörig betrachtet werden, in dem die Dividende festgestellt ist und wird auch erst nach Feststellung der Dividende fällig.

Nun ist die Behauptung aufgestellt, bei der Berechnung des Gewinnanteils des Vorstandes sei der Gewinnanteil des Aufsichtsrats, und bei der Berechnung des Gewinnanteils des Aufsichtsrats sei der Gewinnanteil des Vorstandes von dem zur Berechnung der Gewinnanteile von dem Gesetze bezeichneten Reingewinne in Abzug zu bringen, weil in diesem Reingewinne die Gewinnanteile selbst mitenthalten und so Vorstand und Aufsichtsrat von ihren wechselseitigen Gewinnanteilen auch noch den prozentualen Anteil erhalten. Dabei wird aber die Sach- und Rechtslage vollständig verkannt. Man behauptet, die Gewinnanteile bildeten keinen Teil des eigentlichen Reingewinnes, müßten vielmehr als feste Gehälter gelten und würden auch als solche unter Handlungsunkosten vielfach verbucht, erst nach dieser Verbuchung sei ein wirklicher Reingewinn vorhanden. Einer solchen, in vollständigem Widerspruche mit den Gesetzesvorschriften stehenden Auffassung kann nicht beigetreten werden. Gewinnanteile im Sinne der §§ 237 und 245 sind keine Vergütungen, die sich nach der Höhe des Reingewinnes bemessen, keine Gehälter, die sich auf Handlungsunkostenkonto verbuchen lassen, sondern wirkliche Gewinnbeteiligungen, wodurch das eigene Interesse der am Gewinn Beteiligten mit dem Interesse der Gesellschaft verbunden wird, sie werden dem Reingewinne entnommen und aus demselben getilgt. In den der Generalversammlung zu machenden Vorschlägen über die Verwendung des Gewinnes müssen sie als Teile des Reingewinnes zur Erscheinung gebracht werden und dürfen nicht unter den Handlungsunkosten verschwinden. Vergl. Simon die Bilanzen S. 95 Nr. 74. Zur Zeit der Aufstellung der Bilanz stehen ja auch diese Gewinnanteile noch gar nicht fest; sie kommen meist erst Monate lang nach Ablauf des Bilanzjahres in der ordentlichen Generalversammlung durch Beschlußfassung über die Genehmigung der Bilanz und die Gewinnververteilung gemäß § 260 HGB. zur ziffernmäßigen Entstehung. Die Gewinnanteile von Vorstand und Aufsichtsrat bilden Quoten des Reingewinns wie die Gewinnanteile der Aktionäre und unterscheiden sich nur durch die Bezeichnungen „Tantiemen“ und „Dividenden“. Wenn der Vorstand bei Aufstellung der Bilanz und Gewinn- und Verlustrechnung die von ihm ermitelten Tantiemebeträge als Handlungsunkosten verbuchen wollte, so würde der nach § 261 am Schlusse der Bilanz anzugebende Gewinn um diese Beträge zu klein erscheinen und also ein Teil des Gewinnes der Generalversammlung verborgen bleiben. Die Aufstellung der Bilanz durch den Vorstand ist noch keine endgültige Feststellung, auf deren Grund eine solche Buchung vorgenommen werden könnte;

diese Feststellung erfolgt erst durch die ordentliche Generalversammlung, die den Reingewinn durch Vornahme von Erhöhungen oder Verminderungen der Abschreibungen und Rückstellungen und damit auch die Gewinnanteile ändern kann. Zu dem Ende ist auch dieser Generalversammlung nach § 246 HGB. der vom Aufsichtsrate geprüfte Vorschlag zur Verteilung des Gewinnes, der also auch die Gewinnanteile enthalten muß, behufs Genehmigung vorzulegen. So lange diese Genehmigung nicht erfolgt ist, können die Gewinnanteilsberechtigten keine Forderungsrechte gegen die Gesellschaft erheben, und auch von diesem Gesichtspunkte aus würde die Verbuchung der Gewinnanteile als Handlungsunkosten auf das abgelaufene Jahr unberechtigt sein, denn der Einlösungstermin der Gewinnanteile fällt erst später mit dem der Dividende zusammen. Wollte man aber auch eine solche Buchung einwandlos geschehen lassen, so ist doch gewiß, daß Tantiemen, die sich nicht bloß nach Gewinnergebnissen bemessen, sondern tatsächlich Gewinnanteile sind, den Charakter als feste Gehälter nicht besitzen und auch durch die Buchung auf Handlungsunkostenkonto nicht erhalten. Sie bleiben Gewinnanteile, sind Teile des gewinnanteilpflichtigen Reingewinnes und werden diesem entnommen, bilden also eine Zahlung aus demselben.

Wenn das Gesetz solche Abzüge der Gewinnanteile des Vorstandes und Aufsichtsrats bei der

Berechnung von dem für ihre Feststellung in Frage kommenden Reingewinn gewollt hätte, so würden die Bestimmungen der §§ 237 und 245 ganz anders haben lauten müssen. Das Gesetz legt der Berechnung dieser Gewinnanteile ein und denselben Reingewinn zu Grunde und macht nur für den Gewinnanteil des Aufsichtsrats einen Abzug von 4 % Dividende. Hätten noch andere Abzüge gemacht werden sollen, so wäre das zum Ausdrucke gebracht worden. Die Meinung, daß gewinnanteilspflichtiger Reingewinn erst vorhanden sei, wenn die Abzüge der Gewinnanteile des Vorstandes und des Aufsichtsrats gemacht seien, verstößt gegen die Fassung und den Inhalt des Gesetzes.

Unhaltbar ist ebenso und aus denselben Gründen die Behauptung, die Vorstands- und Aufsichtsratsmitglieder erhielten, wenn sie die ihnen als Gewinnanteile zugesicherten Quoten des nach den gesetzlichen Bestimmungen gewinnanteilpflichtigen Reingewinnes voll bezögen, von ihren eigenen Gewinnanteilen Gewinnanteile, da in dem Reingewinn die Gewinnanteile mitenthalten seien; deshalb müßten die Gewinnanteile vor ihrer Berechnung als Unkosten aus dem Reingewinne der bis dahin noch eine Art Bruttogewinn sei, ausgesondert werden; erst der dann feststehende Reingewinn könne die Grundlage für die Tantiemeberechnung abgeben.

Hiernach würden also die Gewinnanteile des

Vorstandes und Aufsichtsrats von einem ganz andern Gewinn berechnet werden, als von dem gesetzlich vorgeschriebenen Reingewinne, der als eine Art von Bruttogewinn bezeichnet wird. Diese Auffassung stützt sich darauf, daß die Tantiemen vielfach als Unkosten verbucht und infolgedessen als feste Gehälter betrachtet werden. In den vorstehenden Ausführungen ist diesseits zur Genüge dargetan, daß die Gewinnanteile nicht als Handlungsunkosten verbucht werden können und daß sie keine Gehälter darstellen. Damit dürfte diese Frage, die sich schon durch die entgegenstehende Vorschrift des § 237 von selbst beantwortet, erledigt sein. Übrigens hat sich das Reichsgericht in einem Urteile vom 22. März 1902 (J. W. 1902 S. 255), das einen Streitfall betraf, dem auch die hierauf gestellte Behauptung zu Grunde lag, bereits dahin ausgesprochen: „Die „Bestimmung des § 237 setze voraus, daß den Mit- „gliedern des Vorstandes ein Anteil am Jahres- „gewinne gewahrt werde, d. h. sie behandle diese „sogenannte Tantieme als eine Zahlung aus dem „Jahresgewinne. Damit werde also mitnichten „vorgeschrieben, die Tantieme etwa nach der „Formel: $x = {}^1/_{10}\,(a-x)$, wo x die Tantieme und „a den nach Vornahme sämtlicher Abschreibungen „und Rücklagen verbleibenden Reingewinn be- „zeichne in der Weise zu berechnen, daß dabei „der sich, nach Abzug der Tantieme selbst, er- „gebende Reingewinn zugrunde gelegt werde.

FSC
www.fsc.org
MIX
Papier | Fördert
gute Waldnutzung
FSC® C083411

Kolibri 360 GmbH
Ferdinand-Jühlke-Straße 7
99095 Erfurt, Deutschland
produktsicherheit@kolibri360.de